AF427192

Bishop Frederic Baraga
Exhortation for the Holy Year

Baraga self-portrait

# Bishop Frederic Baraga

# Exhortation
# for the Holy Year

Opominjevanje za sveto leto

Exhortation pour l'Année Sainte

Esortazione per l'Anno Santo

Prepared for printing by
Bruno J. Korošak OFM

ISBN: 979-8-218-20187-6

Original in Slovenian © Brat Frančišek, Ljubljana, 2005
English version © Bishop Baraga Association, 2023, with Permission.

*Prayer for the Cause of Sainthood*

*With Ecclesiastical approval.*

Oh God, thank you for the life and holiness of your servant, Frederic Baraga. I pray you will honor him by the title of Saint. He dedicated himself completely to missionary activity to make you known, loved and served by the people whom you love. As a man of peace and love Baraga brought peace and love wherever he traveled.

Lord, grant me the graces and favors for which I pray mention your intentions). Amen.

Please acknowledge favors received through
Bishop Baraga's intercession to:

BISHOP BARAGA ASSOCIATION
BishopBaraga.org
615 S. Fourth Street
Marquette, MI 49855
906-227-9117

Contents -   Kazalo  - Table - Indice


1- Admonitions: preface and an explanation
    of indulgences                                        2
   English translation of Baraga's text                  9

2- Opominjevanje: uvod in razlaga  odpustkov            18
   Besedilo Baragovega Opominjevanja                    32

3- Exhortation: introduction                            40
   Traduction française de l'Exhortation                44

4- Esortazione: introduzione e spiegazione delle
    indulgenze                                          49
   Versione italiana dell'Esortazione di Baraga         61

*To the Reader*

In this jubilee year 2000 we should not forget the Baraga league founded at Lemont, Illinois, 70 years ago with purpose to make better known the great missionary among Ottawa and Ojibwa Indians of Upper Michigan and first Bishop of Marquette, Msgr Friderik Irenaeus Baraga (1797-1868). In this lapse of time the late Fr Hugo Bren, Ing. Joe Gregorich, Fr Bertrand Kotnik and many others published precious contributions for learning better Baraga's sanctity in action.

The same League and the undersigned present postulator for Baraga's beatification thought it proper to make acquainted large classes of Baraga followers with his *Admonitions for Holy Year*, and with his hitherto unknown writing about Immaculate Virgin Mary.

May these booklets be too of some help for his speedy beatification.

Fr Bruno J. Korošak, OFM

## *2*

## Admonitions of a Spiritual Shepherd to His Little Sheep in the Holy Year, 1826.

### Composed by **Friderik Baraga,** Curate.
### Translator unknown.

Friderik Irenaeus Baraga, born on 29th of June 1797 at the farm  Mala vas, in the parish Dobrnic, Slovenia, studied law in Vienna, and then entered the seminary in Ljubljana, where he was ordained a priest on Sept 21, 1823. He than served as assistant priest  in two  parishes, but decided to devote his life to the Indians, he came to America in 1830, and for 38 years thereafter until his death labored with success, first among the Ottawa in Lower Michigan, and afterwards among the Ojibwa in Upper Michigan. He became Bishop of Upper Michigan in 1853. He died in Marquette, Michigan on January 19, 1868.

About his labors in the first chaplaincy, one of his best biographers Fr Chrysostomus Verwyst OFM, *Life and Labors of Rt. Rev. Frederic Baraga,* Milwaukee 1900, p.89 says: »With F. Baraga's coming to St. Martin, new life came to the parish. Before that but few frequented the sacraments; many did not comply with their Easter-duty. Moved by his soul-stirring discourses in the pulpit and his boundless love and compassion towards poor sinners in the confessional, numbers came to him from all quarters; sinners to be led back to God; just to be conducted by his pious and prudent counsels on the road of Christian perfection«

His boundless love and compassion towards poor sinners, Father Baraga proves by his first "little work" in Slovenian. In eighteen stanzas (eight lines each) the young pastor of the souls recommends taking advantage of the Holy Year of 1826 to improve one's prayer life and to receive the sacraments more often; a Holy Year is a time of special graces.

Together with the *Opominvanje,* Baraga also printed 8 strophes (stanzas) of *Proshna na Mater bozhjo v Svetimu letu.*

With this first effort Baraga did not show much of a talent as a religious poet. In his zeal to make his people better Christians, he wanted to put in verse some admonitions, advices to encourage them, and to instill in his "little sheep" a greater love of God and of their neighbor'.

In the 5$^{\text{th}}$ stanza, Baraga states that during the Holy Year our heavenly Father desires to save us from temporal and eternal calamities. He expresses what we call the indulgence or the remission of the temporal punishment of sin. To understand this doctrine and practice in the Church, we must recall to memory that »sin is before all else an offense against God... At the same time it <u>damages</u> communion with the Church ... Only God forgives sins ... But he entrusted the exercise of the power of absolution to the apostolic ministry which he charged with the ministry of reconciliation .. The reconciliation with the Church is inseparable from reconciliation with God« [2].

---

[1]   See Charles A. Ceglar SDB, *The Works of Bishop Frederic Baraga* (Baragiana, 1), Hamilton, Ont, 1991, p. 235.

[2]   See *Catechism of the Catholic Church,* Vatican City 1994, n. 1440-1444.

For a better evaluation of this kind of damage, it is advisable to distinguish the various dimensions of ecclesiastical communities. First, there is the smallest unity, the family, which is called from ancient times »domestic Church«[3]. Then, there are the parishes or the definite communities of the Christian faithful; and lastly the particular Churches of a diocese or of the episcopal conference.

*a)* The damage caused by parents to their children can be considerable, as it results from the studies of modern psychologists. Their conversion and renewed christian life can often repair this damage; but in many cases it will be necessary to do prolonged prayers and implore the Spirit of Christ for special graces, indispensable for dispelling the clouds from the conscience of the children and for repairing the corruption of their judgments of good and evil.

*b)* In a parish, the most diffused harms to the community are caused by men enslaved to the capital sins or vices, because their behavior makes them »accomplices of one another and causes concupiscence, violence and injustice to reign among them. Sins give rise to social situations and institutions that are contrary to the divine goodness. "Structures of sin" are the expression and effect of personal sins. They lead their victims to do evil in their turn. In an analogous sense, they constitute a "social sin"«[4]

The communion with the Church is often damaged by an attitude or behavior which leads another to do evil. Many times it engenders in the other a perverse inclination, which

---

[3] See the same *Catechism* n. 1656-1658.
[4] *Catechism,* n. 1869.

clouds conscience and corrupts the concrete judgement of good and evil.

*c)* Much more, there are transgressions which infect not only individuals or members of a family, but the whole community of a parish, of a diocese, of a national church, such as kidnapping and hostage taking, abortion and infanticide, terrorism, public abandonment of catholic religion and profession of messianic atheism; public speeches or writings or use of the instruments of social communications for uttering of blasphemies, of attacks against morality, against Church's fundamental elements; public instigations against bishops or Pope; establishing laws and social structures leading to the decline of morals and the corruption of religious practices, etc.[5].

Already St. Paul urged the community of Corinthians (1 Cor 5,1-13; 2 Cor 2, 3-11) to react and to hold back the evil consequences of a scandalous behavior of a member of the community. Along the centuries, the Church always tried to do the same and had recourse to various penances and public penalties in order to hind the diffusion of corruption within the congregations. One of such penalties was and still is the forbiddance of the role of the baptismal godfather or godmother, or of sponsor of confirmation, or of witness of a marriage. It is evident that a full confession, made to an authorized confessor at the occasion of a Holy Year jubilee involves an »indulgence« of above mentioned penalties. Moreover, in forgiving the sin, God reconciles the public sinner, giving him »indulgence« of eternal punishment, of the pain of hell. But a reconciliation with the ecclesiastical

---

[5]  See *Code of Canon Law,* can. 1364, 1369, 1373, 1375, 1397; *Catechism* n. 2286.

community results sometimes nearly impossible because of the enormity of damage inflicted to a nationwide community of believers. Public sinners can in such cases take recourse to the prayers of the community for sharing in the communion of spiritual goods, called the Church's treasury, which is »not the sum total of the material goods which have accumulated during the course of the centuries. On the contrary the "treasury of the Church" is the infinite value, which can never be exhausted, which Christ's merits have before God. They were offered so that the whole of mankind could be set free from sin and attain communion with the Father. In Christ, the Redeemer himself, the satisfaction and merits of his Redemption exist and find their efficacy«[6]. Only the Spirit of Christ can remove the clouds from the consciences and restore the right judgment of good and evil, and consequently free the public sinner from the heavy obligation to repair the damage caused to the community[7].

Speaking of the punishments of sin, the new *Catechism* n. 1472 has a very important information, namely that the so called temporal punishment »must not be conceived of as a kind of vengeance inflicted by God from without, but as following from the very nature of sin«. It is true that in Old Testament God is sometimes presented as a vindicator of every sin punishing it with poverty, with

---

[6] See *Catechism* n. 1476.

[7] Therefore the notion of the indulgence, stressed by Pope Pius VI, Const. *Auctorem fidei,* Aug 28, 1794, n. 40 (see »Enchiridion symbolorum, definitionum et declarationum de rebus fidei et morum«, Rom 1967, n. 2640) namely that the indulgence is the remission of that part of penance which was fixed upon sinner by Canon law, together with the remission of temporal punishment through the merits of Christ, is still valid.

accidents, with illness; but in the New Testament Jesus himself gives more precise information, when he teaches that «the Good News is preached to the poor« (Mt 11,5); that 18 workers »in Siloam whe were killed when the tower fell on them«, did not undergo this misfortune as a punishment for their wickedness (Lk 13,4-5);  that the blindness, cured by Him, »has nothing to do with his sins or (with sins of) his parents« (Jn 9, 3).

This can help us in understanding an other precise information about the purification of sins in other life after the death. In fact, *Catechism* n.1472 asserts that the Purgatory is really a <u>state,</u> and therefore cannot be conceived as a room, a space, subject to the rule of time, destined to the torture of 'souls'. Soon after death, not the 'soul', but the whole person »must appear before Christ, to be judged by him, so that each one may receive what he deserves, according to what he has done, good or bad, in his bodily life« (2 Cor 5,10). He then »will bring to <u>light</u> the dark secrets and expose the hidden purposes of men's hearts« (1 Cor 4,5). We could say that Jesus Christ will as an explorer in our computers illuminate  the files of our intentions and actions, also those who were »bad«, because all of them are impressed in us (see Rev 14,13). And the person, seeing illuminated a bad action done in bodily life, will feel a great shame, and this anguish will purify him; after this, Jesus Christ will delete the file for ever, because the eternal felicity in heaven is not compatible with any pain[8].

---

[8]    See Bruno Korošak, *La vita eterna. Compendio di escatologia* (Subsidia Urbaniana, 5), Roma 1983, p. 57-61; Franz-Joseph Nocke, *Escatologia*, Brescia 1984, p. 131-135.

The Jubilee year was for our Servant of God a good occasion for all sinners, specially of those who spreaded out the corruption publicly, to regain the communion with God and with Church. May we too during the current Holy Year »renew our hearts and be confirmed in goodness«, so »that we may be taken up to heaven to the eternal Holy Year«, as longs for us the saintly Bishop Baraga in his prayer to Blessed Virgin Mary.

1. My dearest Christians,
bought with Jesus' blood,
you are endowed with wondrous graces
by our kind God.
Now is the acceptable time of repentance,
now is a graceful Holy Year;
all of which helps us to this purpose
that we may begin to live repentantly.

2. The Roman Pope, our Holy Father,
the supreme Vicar of Jesus,
recommends us cordially
that now everyone make an effort
to be sure not to remain in sins,
but to get rid of sinful habits
in order to properly participate
in the many graces of the Holy Year.

3.Now also the heralds of the word of God,
who are holy admonishers,
likewise seriously remind us
that now is the time to betake ourselves
to the merciful dear Jesus.
Now no one has to be afraid
that He would not want to receive him.

4. Likewise also the confessors,
who take care of souls
because they are the souls' healers,

this only do they wish above all
that now, in the Holy Year,
all may bring forth fruits befitting repentance
and that they may take leave
of this deceitful world
so as not to be condemned with it.


5. Everything calls us with a loud voice
to a sincere conversion;
everything, during this Holy Year,
invites us to a penitent life.
Truly, indeed, does our kind and merciful God
wish for our good;
our heavenly Father desires to save us
from temporal and eternal calamities.


6.  And how do we, my dearest Christians,
make use of the time of the Holy Year?
Do all of us really avail ourselves
of the means which are offered to us?
Does everyone now make a firm resolve
to become sincerely converted?
Does everyone now make an effort
to be properly confirmed in God's grace?


7.  Indeed, my dear little sheep,
*outwardly* we do everything.
There is now much visiting of churches,
many prayers are being said.

But with this not everything is yet gained
what God now wants to give us.
In order that everything for us may not be lost
our *hearts* must become good.


8. God considers only the heart,
and He wants to have the whole heart.
However, for Him mere words are not enough
if the heart loves this world.
Let us then now, in the Holy Year
and in the future as well
renounce the evil world,
and henceforth serve God only.


9.  My dear Christians, let now
each one of us examine his own heart
whether we are all devoted to God,
whether our longings are for Him.
Now, in the middle of the Holy Year,
I remind you all of this,
in order that what God now promises us
may indeed not be lost to us.


10. Let us consider wheter even now
there is not some sinful habit in us;
whether some obstacle to God's grace
does not rule over us.
Let us see whether our hearts are not
infected by *self-love,*

by this dangerous spiritual disease
which murders such a great number of souls.

11.  Let us see whether *injustice* does not
perhaps somewhat spoil our conscience.
The Lord-God is the eternal justice,
the unjust He greatly hates.
Whoever is unjust in his actions,
enters on a dangerous course;
he is not justified before God
until he makes up for the injustice.

12.  Let us see whether we are not *angry*
*or hostile* to our neighbor;
whether, according to the Jesus' command,
we live in charity with all.
The greatest command is love
toward God and one's neighbor.
Whoever is angry with his brother
and maintains anger, is not of God.

13.  Let us think, furthermore,
whether we duly bridle our tongue;
whether, when in company, we always
guard against *defaming* our neighbor.
Saint James the Apostle declares:
If anyone does not restrain his tongue,
he is deceiving his own heart
and his piety is vain.

14.Let us think over whether there isn't in us
still some *pride* and hidden *ambition,*
which deprives us of all virtues
in this holy time.
Oh, what does it avail you if you pray,
if you fast, and give alms to the poor;
but if you do not choose humility,
you do nothing right before God.


15.  But think also, O Christians,
whether you have preserved a pure heart;
whether you are not still given over to sins
by which you have lost the crown.
Only to the *pure of heart* has Jesus promise
eternal happiness thereafter.
Only he who has preserved a pure heart
shall there receive a crown.


16.  Thus, my dear, let everyone of you
examine his conscience, his heart.
And what you find there, reveal
to your confessors, as it behooves.
Do accuse yourselves accurately
of all your hidden transgressions,
and be sure not to conceal anything.
Ah! this would be the most terrible sin.


17.  Oh my dearest little sheep,
work while it is still daytime.
Take to heart these truths,

all of you be devoted to God.
Him alone serve faithfully,
some day He will be your judge.
Do love Him above all,
for He is indeed an everlasting Rewarder.


18.  What you have neglected thus far,
now make haste to do.
Look, it is still the Holy year.
With God's grace now at least do
what you should have done before.
Confirm yourselves now in what is good,
and be good afterwards as well.
Remain faithful to the end,
God will be your reward eternally

* * *

## Prayer to the Mother of God
## in the Holy Year

1. 0 Mary, pure Virgin,
Queen of heaven and earth,
in You we must also in the Holy Year
place our trust.

2. You wish to help us always
and bestow Your favors on us,
but especially now, in this holy time,
intercede for us before God.

3. Jesus loves You heartily,
and out of love He promises to You
that at all times He is ready
to help us at Your request.

4. Request then, 0 dearest Virgin,
for You are a powerful Helper,
request of Him now, in the Holy Year,
that He may deign to receive us into His grace.

5. That He may bestow upon us
the grace and strength,
in this Holy Year, according to His command,
to faithfully fulfill everything
so as to gain a plenary indulgence.

6. That we may also renew our hearts,
and be confirmed in goodness;
that God may deign to take all evil
out of our hearts in the Holy Year.

7. Pray for us, O Mother of mercy,
that we may now uproot
all sinful habits out of our hearts,
and that one day we may gain the crown.

8. Obtain for us charity and humility
and the Christian perseverance
in order that we may be taken up to heaven
to the eternal Holy Year.

* * *

*Napotek*

Ker se postopek za proglasitev Božjega služabnika Friderika Baraga (1797-1868) za blaženega približuje h koncu, se je zdelo primerno, da za to izredno sveto leto 2000 priobčimo njegova *Opominjevanja* za vredno praznovanje svetoletnega jubileja ne samo v slovenščini, ampak tudi v italijanščini, ki jo je Baraga dobro poznal, ter v angleščini in francoščini, ki ju je redno uporabljal.

Poleg te knjižice bo Baragova zveza, ustanovljena leta 1930 v Lemontu in Chicagu, katere odborniki p. Hugo Bren, ing. Joe Gregorich, p. Bertrand Kotnik in mnogi drugi so priobčili celo vrsto odličnih člankov o Baragu, o njegovi družini in o njegovih sodelavcih, objavila še eno doslej nepoznano delo tega junaškega misijonarja o Brezmadežni Devici Mariji, in financirala izdaje Vončinovih življenjepisov Barage, ki bodo izšli pri Mohorjevi družbi v Celovcu.

Bog daj, da bi se tako krog Baragovih častilcev čim bolj razširil.

P. Bruno J. Korošak, OFM

# *1*

## *U v o d*

1-Božji služabnik Friderik Baraga (1797-1868), dolgoletni misijonar in škof Gornjega Michigana, je Slovencem že tako dobro poznan, da ni potrebno, da jim ga še posebej predstavimo. Tako je vsem poznano, da je po končanem študiju prava na Dunaju in po teološkem študiju v Ljubljani bil 14. oktobra 1824 nastavljen za kaplana v župniji svetega Martina v predmestju Kranja, kjer je kmalu zaslovel kot izredno goreč spovednik, kakor to opisuje že njegov prvi življenjepisec prof. Leon Vončina:»Bil je tedaj v spovednici ne samo skrben sodnik in zdravnik na duši ranjenim in bolnim, ampak bil je tudi vnet in previden voditelj takih zvestih, zdravih in neoskrunjenih duš, kakršnih se nikoli ne manjka med čredo Kristusovo«[1]. Gospod Josip Benkovič, ki je bil kaplan v rojstni fari Baraga,v Dobrniču, je po pričevanju vernikov, ki so Baraga še osebno poznali, zapisal:»Spovedoval je vsaj dan, ker skesani, potrti grešniki od vseh strani so iskali pri njem pomoči, svéta in tolažbe. Ob nedeljah in praznikih je bil zjutraj ob 2. ali 3. uri že v spovednici, in ljudi polno okoli njega.V Šmartinu so ljudje govorili: ″Pri nas je zmerom Porcijunkula″«[2].

Porcijunkula se po domače imenuje odpustek, ki ga je po listini asiškega škofa Teobalda iz leta 1310 izprosil od

---

[1] Leon Vončina, *Friderik Baraga, pervi kranjski apostoljski misijonar in škof med Indijani v Ameriki,* Celovec 1869, str. 20.

[2] Josip Benkovič, *Irenej Friderik Baraga. V stoletni spomin njegovega rojstva,* v ″Koledarju Družbe sv. Mohorja za navadno leto 1898″ str. 38.

papeža Honorija III sam sv. Frančišek, da vsak spokorjeni grešnik, ki na dan 2. avgusta obišče baziliko "Porziuncola" in se tam spove, zadobi popolni odpustek[3]. Če ga je sv. Frančišek dosegel za en sam dan v letu, ga je papež Urban VI leta 1389 zagotovil vsem, ki  kateri koli dan leta 1390 in potem vse dni vsakega triintridesetega leta, v spomin na leta Jezusovega življenja na zemlji, poromajo v Rim, se spovejo svojih grehov in opravijo predpisane molitve. Leta 1470 je papež Pavel II. odločil, da se popolni odpustek lahko dobi v Rimu vsakih 25 let, v nekaterih drugih deželah pa vsakih 26 let, kar je ostalo v veljavi tudi za časa Baraga. Tako je leta 1825 praznoval sveto leto Rim, od Velike noči 1826 naprej pa slovenske škofije v sklopu stare Avstrije.

Ob tej priliki je po skrbnem popisu *Literature Slovencev*, ki ga je pripravil Baragov sošolec v gimnaziji, Matija Čop (*1797, +1835)[4], vsaj 6 duhovnikov pripravilo napotke za uspešno praznovanje svetega leta, med njimi Luka Dolinar (*1794,+1863), ki je ne samo poslovenil papeževo bulo o svetem letu, ampak tudi objavil *Pesem od Svetiga leta 1826;* nadalje Blaž Potočnik (*1799, +1872), takrat kaplan in kantor ljubljanske stolnice, ki je iz francoščine prevedel obširno knjigo *Premišljovanje za čas Svetiga leta Jakoba Benigna Bossueta, nekdanjega škofa v Meaux,* Ljubljana 1826; potem kanonik Valentin Stanič (*1774, +1847), *Molitve in Premišlovanja per obiskovanju štirih k zadobljenju odpustika svetiga leta odločenih cerkva, s perstavkom 41 cerkvenih in drugih pesem,* Videm-Gorica

---

[3]    Prim. Amédée Teetaert, *Portioncule,* v "Dictionnaire de Théologie catholique", XII, stolp 2603-2607.

[4]    Glej Matija Čop, *Literatura Slovencev,* v kritični izdaji Antona Slodnjaka, *Pisma Matija Čopa,* II, Ljubljana 1986, str. 119-124.

1826; p. Ferdinand Bonča, frančiškan in Baragov prijatelj, *Tri pridige za Sveto leto, ki jih je pridgval v fari Sv. Petra pri Natisoni Videmske škofije III., IV, ino V. nedeljo po Binkoštih Svetiga leta 1826*, Ljubljana 1827; rigorist Janez Traven (*1781,+1847), *Opominjevanje k pokori v svetim letu 1826, to je: Pridige od odpustikov, od pokore in nekterih drugih resnic, ktere grešnika k pravi pokori bude*, izšlo leta 1829; ter naš Friderik Baraga, ki je prav tako sestavil bolj milo *Opominjvanje eniga duhovniga pastirja na svoje ovčice v sredi svetiga leta 1826.*

O tem spisu je Matija Čop (str. 122) pripomnil: »To sta dve duhovni pesmi, katerih avtor se ne ozira na pravilnost jezika in metra«. Toda tudi o pridigah p. Ferdinanda Bonča je (na strani 124) pripomnil: »Pridigar se ni oziral na jezik in slovnico«. O Staničevih pesmih je zapisal Emil Devetak, da »uporablja germanizme, arhaične in napačne izraze kanalskega narečja«[5]. Luka Dolinar je na Čopove kritike jezika odgovoril: »ne vem, kako bo, dokler se bodo dušni pastirji ravnali po načelu sv. Avguština: Malo vituperari a grammaticis quam non intelligi a populis (Rajši imam, da me grajajo gramatiki, kakor da me ne razume ljudstvo)«[6].

**2**-Ob tolikih spisih o svetoletnih odpustkih in pogojih za njihovo pridobitev je Baraga pravilno presodil, da se mora omejiti na bistvene prvine jubileja, ki naj grešnike dovede do tega, da dosežejo odpuščanje grehov, da se osvobodijo suženjstva svojih strasti in da se spravijo z Bogom in svojimi

---

[5] Prim. Emil Devetak, *Stanič Valentin,* v ″Primorskem Slovenskem biografskem leksikonu″, III, str. 447.

[6] Pismo Dolinarja navaja Čop, *Literatura Slovencev* (izd. Slodnjak, str. 123a).

bližnjimi[7]. Zato njegovo "Opominjevanje"ohranja svojo veljavo tudi danes, obenem pa nam nudi priliko, da dodamo nekaj splošnih pripomb o svetoletnih in drugih odpustkih, o katerih so po besedah predsednika italijanskega Odbora za letošnje Sveto leto Mons. Angela Comastri med bogoznanci zelo razširjeni »predsodki, nezaupanja, nejevolje in zlohotnosti«[8].

Najprej naj opozorimo, da so v novem *Katekizmu katoliške Cerkve*, ki je izšel v Ljubljani leta 1993, večkrat nakazani važni teološki premiki, ki bi nam naj pomagali, da ves nauk o spovedi in o odpustkih premotrimo v doslej skoraj ne upoštevanih perspektivah.

Tako na primer ta *Katekizem* pod št. 1472 opozarja, da kadar govorimo o "časnih kaznih za greh", teh ne smemo umevati »kot neke vrste maščevanje, ki ga Bog naloži od zunaj, ampak kot izvirajoče od same narave greha«. To je v popolnem nasprotju s tem, kar lahko beremo v starejših Katekizmih, v katerih se poudarja, da Bog »dostikrat pošilja grešnikom razne kazni, kakor bolezni, revščino, raznotere nesreče že na tem svetu«[9], in da so odpustki »odpuščenje tistih časnih kazni, ki jih moramo trpeti za svoje grehe, ko so nam odpuščeni, ali tukaj na zemlji ali pa tamkaj v vicah«[10]. Moderni poznavalci Svetega pisma Nove zaveze nas ob Jezusovih besedah, s katerimi zavrača mnenje svojih

---

[7]    Prim. Bernard Loth in Albert Michel, *Jubilé,* v "Dictionnaire de Théol. Cath.", Tables générales, II, Paris 1967, stolp 2695.

[8]    Comitato Nazionale per il Grande Giubileo del 2000, *Il dono dell'indulgenza,* Sussidio, Milano 1999, str.3.

[9]    Glej Anton Veternik, *Razlaga velikega katekizma ali krščanskega nauka,* III, Ljubljana 1902, str. 308.

[10]    Prav tam, str. 396. Baraga zato v svojem Opominjevanju govori o »nadlogah« greha.

učencev, da bi bolezen bila posledica osebnega ali celo podedovanega greha (Jn 9,2), opozarjajo, da je sicer »v starem svetu vladalo splošno prepričanje, da obstaja vzročna zveza med grehom in telesno boleznijo. Podoben nauk srečamo tudi v judovstvu; prim 2 Mz 9,1-12; Ezk 18,20«[11], da pa »Jezus nikoli ni učil, da je bolezen kazen za greh«[12].

Zato pa bi bilo umestno, da pri nalaganju spovedne pokore spovedniki usmerijo svojo pozornost raje na temeljna načela II. Vatikanskega koncila o sv. pokori (v konstituciji o Cerkvi *Lumen gentium* št. 11 in 22), ki so v novem *Katekizmu* (št. 1440, 1441 in 1444) takole strnjena:

*»Greh je predvsem **žalitev Boga**, prelom občestva z njim.*

*Hkrati prizadene **škodo občestvu** s Cerkvijo.*

*Zato spreobrnjenje prinaša hkrati božje odpuščanje in spravo s Cerkvijo, kar liturgično izraža in udejanja zakrament pokore in sprave.*

*Bog edini odpušča grehe <prim. Mr 2,7> [...] Ko Jezus napravi svoje apostole deležne svoje oblasti odpuščati grehe, jim daje tudi oblast spraviti grešnike s Cerkvijo. Ta cerkvenostna razsežnost njihove naloge se izraža posebno v slovesni Kristusovi besedi Simonu Petru: "Dal ti bom ključe nebeškega kraljestva; in karkoli boš zavezal na zemlji, bo zavezano tudi v nebesih; in karkoli boš razvezal na zemlji, bo razvezano tudi v nebesih" (Mt 16,19). Ta služba zavezovanja in razvezovanja, ki je bila dana Petru, je bila podeljena tudi zboru apostolov,*

---

[11] Glej opombo k Jn 9,2 v standardnem prevodu Svetega pisma, Ljubljana 1997.

[12] Glej opombo k Mk 2,5 prav tam.

*povezanemu s svojo glavo (Mt 18,18; 28, 16-20)«* .

Kakor torej z grehom žalimo Boga in prizadenemo škodo cerkvenemu občestvu, tako tudi s kesanjem in spreobrnitvijo dosežemo odpuščanje greha od strani Boga in od strani Cerkve, z malo, toda važno razliko: Bog odpušča greh kot žalitev, kot "krivdo", cerkveni zastopniki pa odpuščajo isti greh v kolikor prinaša škodo občestvu. Če bi se smel ves postopek primerjati s prestopki v civilni družbi, bi lahko rekli: kakor moramo pri vsakem avtomobilskem prestopku razlikovati med prestopkom kot takim, ki se obravnava po kazenskem zakoniku, in med prestopkom v kolikor je povrhu povzročil še komu škodo, kar se obravnava pred sodnikom za civilne zadeve, tako je tudi s pregreho, ki jo Bog odpušča grešniku, v kolikor ga je žalil kot svojega najboljšega Očeta, vrednega vse ljubezni, in ki jo pooblaščeni služabniki Cerkve odpuščajo, v kolikor je s pohujšanjem porazno vplivala na versko življenje drugih vernikov. Škofje in duhovniki torej presojajo o velikosti škode občestvu in o veličini spokornih del, s katerimi bi se tej škodi primerno odpomoglo in na podlagi katerih bi se greh pod tem vidikom smatral za odpuščenega pred Bogom in pred ljudmi.

Če imamo pred očmi ta dva različna vidika odpuščanja grehov, nam bo lažje reševati celo vrsto spravnih problemov. Tako na primer novi *Katekizem* (št. 1457) po *Zakoniku cerkvenega prava* navaja ta slučaj: »Kdor se zaveda, da je storil smrtni greh, ne sme prejeti svetega obhajila, tudi če čuti veliko kesanje, ne da bi prej prejel zakramentalno odvezo, razen če ima velik razlog za prejem obhajila in mu ni mogoče pristopiti k spovedniku« . Že v srednjem veku so se cerkveni učeniki spraševali, zakaj bi moral tisti, ki mu je Bog greh tako odpustil, da se je smel z njim združiti pri sv. obhajilu, pozneje iti še k spovedniku. Nekateri so menili, da ima spovednikova odveza v tem slučaju samo veljavo prošnje k Bogu; drugi zopet so zatrjevali, da Bog greh odpušča pod pogojem, da se gre potem k duhovniku, itd.[13] . Dejansko pa se mora iti pozneje k spovedi, če je grešnik s svojim grehom dal pohujšanje občestvu, da spovednik presodi, kolikšna je bila škoda povzročena cerkveni skupnosti, in kakšna bi morala biti odgovarjajoča pokora in odpomoč ranjenemu verskemu okolju.

**3-**Cerkev lahko gledamo iz ozkega vidika družine, ki se že v starih časih imenuje "domača Cerkev" (glej *Katekizem* št. 1656-1657), potem v širšem obsegu kot farno občestvo, in kot medškofijko narodno Cerkev. Zato bo dobro, da o škodi, ki jo kdo z grehi in s pohujšanjem prizadene domači ali narodni Cerkvi, posamič spregovorimo.

*a)* V domači Cerkvi naj bi se »na prednosten način uveljavljalo krstno duhovništvo družinskega očeta, matere« (*Katekizem*, št. 1657). V praksi pa dandanes niso redki slučaji, ko otroci, kakor zatrjuje psiholog p. Christian Gostečnik, postajajo »žrtve družinskih zapletov, ker konfliktni odnosi staršev neizogibno vplivajo na razvoj in duhovno ter psihično rast otrok. Zlo, ki je že povzročeno, ima lahko katastrofalne posledice za prihajajoče generacije. Družina namreč ni samo neke vrste socialni sistem, ampak vsebuje strogo določene zakone, ki zahtevajo skrbno vzgojo otrok, brezpogojno ljubezen, spoštovanje staršev in

---

[13]   Glej Adrien Nocent OSB, *Il sacramento della penitenza e della riconciliazione*, v "Anamnesis" 3/1, La liturgia, i sacramenti: teologia e storia della celebrazione, Genova 1986, str. 195.

zavezujoč odnos med člani družine«[14]. Iz teh konfliktnih odnosov izvira tudi grda navada preklinjanja, in kadar na primer oče pred otroki preklinja, jim zelo škodi, posebno še, ker se njegove kletvice globoko vtisnejo v srca mladih, ki jih potem ne morejo več pozabiti. Vso to škodo je treba po dobri spovedi popraviti, in spovednik po navadi spovedancu naloži posebno kazen, pokoro, ki obstoji v molitvi, v prostovoljnih odpovedih, itn. Kakor lepo razlaga p. Gostečnik, »molitev prinese v družino zdravilno moč s tem, ko družina odpre prostor za skrivnost in pripravljenost, da si pusti pomagati. Kristus je prevzel naše grehe in zanje opravil spravno daritev ter obljubil prihod Svetega Duha, ki lahko dokončno ozdravi naš spomin in prinese zdravilno odrešenjsko moč dolgim obdobjem brezupnega trpljenja... Vključitev v Kristusov milostni proces odrešenja s tem v polnosti omogoča dokončno spravo in razrešitev konfliktnih, nerazrešenih in grešnih vsebin, ki zahtevajo spravo«[15].

*b)* Bolj pogosta je škoda, ki si jo farani med seboj povzročajo s pohujšanjem.

Sv. Pavel večkrat zabičuje cerkvenim občestvom, da se morajo odločno upirati vsakemu vplivu pohujševanja, onemogočati pohujševalcem njihovo škodljivo udestvovanje (prim. 1 Kor 5, 1-13), prositi Boga, da njihov vpliv omeji ali popolnoma nevtralizira, moliti za njihovo spreobrnjenje in jih po spreobrnjenju obdati z bratsko ljubeznijo (prim. 2 Kor 2, 3-11).

Ne smemo tudi pozabiti kaj pravi *Katekizem* (št. 2284-2285) o škodi povzročeni s pohujšanjem:

---

[14] Prim. Christian Gostečnik OFM, *Srečal sem svojo družino,* Ljubljana 1999, str. 302.

[15] Prav tam, str. 303.

*»Pohujšanje je ravnanje ali vedenje, ki druge napeljuje, naj delajo slabo. Tisti, ki pohujšuje, naredi iz sebe skušnjavca svojega bližnjega. Škoduje kreposti in poštenosti; potegniti more brata v duhovno smrt. Pohujšanje predstavlja veliko krivdo, če z dejanjem ali opustitvijo drugega premišljeno zapelje v veliko pregreho.*

*Pohujšanje dobi posebno težo zaradi avtoritete tistih, ki ga povzročijo, ali slabosti tistih, ki mu podležejo. Navdihnilo je našemu Gospodu naslednjo sodbo: "Kdor pohujša enega od teh malih, ki vame verujejo, bi bilo zanj bolje, da mu obesijo mlinski kamen na vrat in se potopi v globino morja" (Mt 18,6)«.*

*Katekizem* pa naznačuje tudi korenine, iz katerih se razrašča tolikšna perverznost pohujševalcev, namreč sedem najbolj razširjenih strasti, ki se kot zli duh polastijo človeka in ga vodijo do tega, da je pripravljen dati tudi svoje življenje ne več za Boga, ki je edini gospodar nad življenjem, ampak za nekega "voditelja", za neko "ideologijo", za kopičenje oboževanega "denarja", tudi v škodo drugih (prim. Lk 16,9.13), za nabavo in uživanje mamil (prim. Flp 3,19), za spolno izživljanje, za izvajanje nasilnosti, za obrekovanje in klevetanje, ki izhaja iz zahrbtne zavisti, za versko indiferentnost in molčečno zaščito tistih, ki zlo počenjajo (prim. št. 1866, 1869).

Baraga opominja prav te odvisnike od zlih nagnjenj, da se končno osvobodijo teh grešnih navad (10-15 kitica). *Katekizem katoliške Cerkve* v št. 1471 govori o tako imenovanih odpustkih ali odpuščanjih "kazni" za greh, in v št. 1472 bolj podrobno razloži, da ima vsakteri greh za posledico »nezdravo navezanost na stvari, navezanost, ki potrebuje očiščenja bodisi na tem svetu bodisi po smrti, v stanju, ki ga imenujemo vice. To očiščevanje osvobodi od tega, kar imenujemo 'časna kazen za greh«, in ki je pregreham imanentna. Bolj preprosto povedano, zasvojenci z alkoholnimi pijačami ali mamili čutijo še po spovedi hudo navezanost na opojnosti, in se morajo podvreči raznim skupinskim terapijam, da se popolnoma osvobodijo teh navezanosti. Oseba, obremenjena s kakšno tako navezanostjo, se po smrti mora predstaviti Kristusu, ki s svojo lučjo slave osvetli vsako njeno posamezno dejanje, kakor raziskovalec datotek v računalniku, in huda sramota, ki jo čuti oseba, osvobojena teže telesa, pri osvetlitvi kakšnega slabega dejanja, je tisto sredstvo, ki jo očiščuje "kazni" v večnosti[16]. Odpustek nas torej ne osvobaja od imanentne časne posledice pregrešnih strasti, ampak jo samo omili in olajšuje, ko nam pomaga, da se pridružimo Kristusovemu odrešitvenemu trpljenju in se posledic grdih razvad počasi popolnoma znebimo.

Od te vrste kazni za greh pa moramo razlikovati še kazen za škodo, ki jih grešniki povzročijo s slabim zgledom farni skupnosti. Med temi navaja *Katekizem* »odgovornost, ki jo imamo pri grehih, ki jih storijo drugi, kadar pri njih sodelujemo tako, da se jih neposredno in hoté udeležimo, tako da jih ukažemo, svetujemo, hvalimo ali zagovarjamo, tako da jih ne odkrijemo ali jih ne preprečimo, kadar smo to dolžni storiti, in tako, da ščitimo tiste, ki delajo zlo. Tako napravi greh ljudi za sokrivce drug drugega, stori, da vladajo

---

[16]   Prim. Bruno Korošak, *La vita eterna,* Roma 1983, str. 57-61; *Esej o krščanski eshatologiji,* Ljubljana 1995, str. 23-24; Franz-Joseph Nocke, *Escatologia,* Brescia 1984, str. 131-135.

med njimi poželenje, nasilje in krivičnost«[17] . To škodo mora grešnik popraviti tako, da se poleg spovedi tudi izven nje spravi s farno cerkveno skupnostjo, in v kolikor škode ne more več povsem popraviti, opravi razne molitve in spokorna dela, katerim so pridruženi odpustki. Župnik pa naj s farani opravi tudi skupne spravne pobožnosti v ta namen in v upanju, da bo Sveti Duh omilil ali izničil vse posledice pohujšljivih dejanj.

Naj še omenimo, da so v časih Baragovega kaplanovanja nekateri spovedniki odrekali odvezo tem, ki se niso mogli enkrat za vselej odpovedati zlim strastem in prenehati s pohujševanjem farnega občestva. Tako se je zgodilo, da nekateri župniki po 20 let niso dovolili "grešnikom", da bi šli k svetemu Obhajilu[18], in so jih samo odveze pri spovedih, opravljenih v Svetih letih, lahko rehabilitirale. Nasprotno pa je kaplan Baraga bil prepričan, da samo pogosta sveta spoved lahko pomaga grešnikom, da se zlih razvad znebijo, in da javno prejemanje Svetega Obhajila lahko že vsaj delno zajezi pohujšanje faranov.

*c)* V Baragovih časih še niso toliko poznali zlih dejanj, ki bi lahko pohujšljivo vplivala na vernike cele škofije ali celega naroda, ker takrat še niso poznali današnjih sredstev množičnega družbenega obveščanja. Po starem in

---

[17] *Katekizem katol. Cerkve,* št. 1868-1869. Isto je učil Baraga, ko je priporočal grešnikom, da si vest izprašajo tudi o "tujih grehih", ki so: »h grehu svetovati... drugim grešiti veleti... v drugih grehe privoliti... druge h grehu napeljevati... drugih grehe hvaliti... h grehu molčati... grehe spregledati... grehov se udeležiti... grehe zagovarjati«, glej *Dušna paša,* Ljubljana 1830, str. 122-126.

[18] Tako gospod Janez Traven, župnik v Ribnici, po pričevanju njegovega naslednika Ignacija Holzapfla; prim. Anton Skubic, *Zgodovina Ribnice,* Buenos Aires 1976, str. 312.

novem *Zakoniku cerkvenega prava* se k pohujšanjem, prizadetim vsej škofiji, ali celo več škofijam, prištevajo vsa tista grešna dejanja, ki jim cerkveni zakonik dodaja posebno cerkveno kazen; taka kazniva dejanja zagreši na primer kdor javno zapusti katoliško in izpoveduje ateistični messianizem (glej kan. 2314 starega in kan. 1364 novega Zakonika); prav tako »kdor na javnem prostoru v govoru, v pisanju, razširjenem v javnosti, ali uporabljajoč sredstva družbenega obveščanja bogokletno nastopi ali hudo žali nravnost ali se žaljivo izraža glede vere in Cerkve ali zbuja sovraštvo ali prezir« (kan. 1369); nadalje kazniva dejanja proti cerkvenim oblastem, kakor na primer »kdor javno zbuja mržnjo ali sovraštvo podrejenih proti apostolskemu sedežu ali krajevnemu škofu zaradi kakega dejanja cerkvenih oblasti ali službe, ali podrejene poziva k nepokorščini do njiju« (kan. 1373), ali tisti, ki ovira »zakonito rabo cerkvenih dobrin ali drugega cerkvenega premoženja« (kan. 1375); naposled še kazniva dejanja proti človeškemu življenju in svobodi, kot »kdor zagreši umor, človeka s silo ali zvijačo ugrbi, zadržuje, pohabi ali hudo rani« (kan. 1397), ali kdor v dnevnem časopisju zagovarja odpravo plodu (kan. 1398). *Katekizem katoliške Cerkve* v št.2286 navaja še huda pohujšanja, ki bi jih bilo dobro prepovedati pod posebnimi kaznimi, namreč političnih oblastnikov ali parlamentarcev, »ki postavljajo zakone ali takšne družbene strukture, ki vodijo k propadanju nravi in kvarjenju religioznega življenja, ali k takim družbenim razmeram, ki prostovoljno ali neprostovoljno otežujejo ali praktično onemogočajo krščansko ravnanje, ki se sklada z zapovedmi«; še huje pa je, kadar državne oblasti »ponarejajo resnico, izvajajo s sredstvi obveščanja politično gospostvo nad javnim mnenjem, manipulirajo z obtoženimi in pričami javnih procesov« (št. 2499). Za take pohujševalce, v kolikor se kot posamezniki sploh zavejo svojih pregreh, obstaja možnost, da se v Rimu ali Sveti deželi ali na kakšni znani božji poti[19] spovejo pri pooblaščenem spovedniku, ki jim svetuje, kako bi se dalo povzročeno škodo najbolje popraviti, jim naiože posebno pokoro, kot na primer miloščine v korist ubogim, pomoč karitativnim združenjem za zapuščene otroke in ostarele, osebno sodelovanje pri prostovoljnih akcijah vsem pomoči potrebnim v raznih nesrečah, itn.[20] Od teh spovednikov lahko prejmejo tudi popolni odpustek v prvotnem pomenu besede, to je odpuščanje cerkvenih kazni, in s tem tudi zopetno pridobitev izgubljenih pravic sodelovanja pri zakramentalnem življenju skupnosti, kakor na primer biti za krstnega ali birmanskega botra, za poročno pričo, itn.; postati znova deležen odpustkov v širšem pomenu, ter javnih, in ne samo zasebnih prošenj in molitev cerkvenih občestev. Vendar bo večkrat škoda, ki so jo prizadeli širši cerkveni skupnosti, tako velika, da je ne bodo mogli več popraviti z običajnimi spokornimi sredstvi. Tu jim pridejo lahko na pomoč samo tako imenovane duhovne dobrine občestva, ki jih »imenujemo tudi "zaklad Cerkve", ki ni neka vsota dobrin kakor nekakšno snovno bogastvo, ki bi se skozi stoletja kopičilo, marveč neskončna in neizčrpna vrednost, kakršno imajo pri Bogu zadostitve in zasluženja Kristusa Gospoda, darovanega za to, da bi se vse človeštvo rešilo greha in prišlo v občestvo z Očetom. Ta zaklad je sam Kristus Odrešenik, v katerem nahajamo zadostitve in zasluženja njegovega odrešenja«

---

[19] Prim. *Pogoji za pridobitev jubilejnega odpustka*, dodani k buli Janeza Pavla II, "Skrivnost učlovečenja", 29. nov. 1998 (Cerkveni dokumenti, 79), str. 27.

[20] Prim. *Il dono dell'indulgenza*, str. 37.

(*Katekizem*, št. 1476, ki navaja apostolsko konstitucijo "Indulgentiarum doctrina" Pavla VI, s 1. Jan. 1967). Jasno je, da lahko samo Kristus z milostjo svojega Duha izniči ali omili zle posledice množičnega družbenega pohujšanja[21].

4- H koncu še nekaj beležk o izdajah Baragovih Opominjevanj.

Delce na kratko omenja že prof. Franc Jaklič v Baragovem življenjepisu *Misijonski škof Irenej Friderik Baraga*, Celje 1931, str. 42.

Celotno besedilo Opominjevanj in *Prošnje na Mater božjo v svetem letu 1826* je objavil gospod prof. Filip Žakelj v 3. zvezku Baragove knjižnice z naslovom *Za Bogom vredna največje časti. Baraga in Marija*, ki je izšla v Buenos Airesu 1968, str.60-65, toda v nevezani besedi.

Malo pozneje je v glasilu slovenskih frančiškanov v Severni Ameriki, v "Ave Maria" 62. letnik, 1970, str. 133-136, P. Bertrand Kotnik priobčil *Baragovo pridigo v verzih*, in sicer najprej faksimile petih kitic tiskane izdaje, ki se hrani v Narodni univerzitetni knjižnici v Ljubljani, in potem še skoraj celotno Opominjevanje in Prošnjo k Materi božji.

Pred kratkim pa je arhivarski strokovnjak mag. Francc Baraga dal natisniti celotni *Faksimile knjižice iz leta 1826 in prepesnitev Janka Modra*, Trebnje 1997, iz katere je tudi besedilo, ki ga tukaj priobčujemo.

---

[21] Zato je Pij VI. popravil trditev Pistojske sinode, da je odpustek »gola odveza od cerkvenih kazni«: je namreč obenem tudi popravek škode prizadete s pohujšljivimi dejanji po Kristusovem zasluženju; prim. *Enchiridion symbolorum, definitionum, declarationum de rebus fidei et morum*, Rim 1967, št. 2640.

## Opominvanje

Dušni pastir opominja svoje ovčice
sredi svetega leta 1826
Zložil Friderik Baraga, kaplan
Posodobil in prepesnil Janko Moder


1
O preljubi mi kristjani,
umiti s krvjo Jezusa,
z božjo gnado obdarvani
skoz dobrótljivga Boga!
Naj sred posta in pokore
v milostnem in svetem let
Bog dobrotno pripomore
res spokorno nam živet.
2
Rimski papež, naš svet oča,
sam namestnik Jezusa,
nam prisrčno priporoča:
Vsak na skrbi naj ima,
da v pregrehah ne ostane,
grešnih se znebi navad
in deležen prav postane
svetga leta božjih gnad.
3
Svete vere oznanjvavci
z božjo spet besedo nas
kakor zvesti spominjavci

opominjajo lep čas:
Zdaj priložnost je podati
ljubmu Jezusu rokó,
pa ne bo se več nam bati,
da ne vzame nas v nebo.

4

Ravno tko tud spovedniki,
ki za duše nam skrbe
in so naši ozdravniki, vsi goreče si žele,
da bi vsak v tem svetem letu
bil pokore vreden sad,
dal slovo pregrešnem svetu,
rešil se peklenskih vrat.

5

Vse nam kliče z močnim glasom:
Ura naj spreobrnjenj
med spokornim svetim časom
Bogu všečnih dá življenj !
Ker zares nam dobro hoče
naš predobrotljivi Bog,
zdaj rešiti je mogoče
časnih, večnih se nadlog.

6

Dajmo no, preljub kristjani,
obrnimo sebi v prid
pripomočke, k' so nam dani
in je v njih obljub odsvit.
Naj vsak zase trdno sklene

v času, ki tako je svet,
in s' kar more; prizadene,
v božji milosti živet.
7
Ampak, ovčke moje ljube,
zgolj zunanjosti nikar!
S tem ne rešiš se pogube,
če poklekneš pred oltar.
S tem še ni vse pridobljeno,
če k molitvi vzpneš roke;
da ne bo vse izgubljeno,
glavno *čisto je srce.*
8
Bog le na srce nam gleda
*vsega* si dobit želi,
ni zadosti mu beseda,
če srce drugač živi.
In zato v tem svetem letu,
pa seveda še naprej,
dajmo zbogom temu svetu,
Bógu služimo poslej.
9
Le poglejmo, ljub kristjani,
sebi v dušo in srce,
ali res smo Bogu vdani
in pri njem so vse željé.
Če zdaj sredi svetga leta
trdno mislimo na to,

se zgodi, kar Bog obeta,
in zgubljen ta čas ne bo.


**10**

Le poglejmo, če navade
kakšne grešne so še v nas,
čc zadržek božje gnade
še kraljuje slednji čas.
Glejmo, da od *samoljubja*
nihče več okužen ni,
ta bolezen nas pogublja,
duš nešteto umori!.

**11**

Naj se gnusi nam *krivica,*
naj nam ne teži vesti,
Gospod Bog je zgolj pravica
in krivičneže črti.
Kdor v dejanjih je krivičen,
se v nevarnost sam peha,
ni pred Bogom prej pravičen,
dokler krivd ne poravna.

**12**

Glejmo še, da nismo jezni,
ne *sovražni* bližnjemu
in da z vsemi smo v ljubezni,
kot je prav Zveličarju.
Prva je zapovd ljubezen
do Boga in bližnjega!

Kdor je kdaj na brata jezen,
vztraja v tem, ni od Boga.
13
Glejmo, da vseskoz pošteno
vsak svoj jezik brzdamo,
da za ceno prav nobeno
bližnjih ne *opravljamo.*
Sveti Jakob nam spričuje:
Kdor jezika ne kroti,
sam se v grehe zapeljuje;
to pobožnost prava ni.
14
Glejmo še, da nas *prevzetnost,*
da napuh nas ne mojstri
in da druga nas posvetnost
od kreposti ne podi.
Kaj pomaga ti, če moliš,
če se póstiš, v dar deliš,
če ponižnosti ne izvoliš,
nič pred Bogom ne storiš.
15
Mislite še to, kristjani:
Največ *čisto* je srce!
Kteri so pregreham vdani,
božje sínovstvo zgubé.
Čistim srcem je obljubil
Jezus večno srečo in raj,
tisti le ne bo ju zgubil,

kdor je čist na vekomaj.

16

Ljubi moji, vsi preglejte
svojo vest, svoje srce
in kar najdete, povejte
v spovednici, kakor gre.
Vsi skesano obtožite
skritih svojih se pregreh,
če katero zamolčite,
padete še v večji greh!

17

O preljube mi ovčice,
delajmo, dokler je dan!
K srcu vzemmo si resnice ,
Bogu bodi vsakdo vdan!
Njemu le zvesto služimo,
ki je zadnji naš sodnik
njega skoz čez vse ljubimo,
ker je večni nam plačnik.

18

Zapoznevci, pohitite,
v svetem letu čas je svet,
z božjo milostjo storite,
česar niste mogli pred.
Vsi se v dobrem potrudimo,
ne strašimo se nadlog,
veri zvesti ostanimo,
pa povrne nam sam Bog!

## *Prošnja k Materi božji v svetem letu*

1

O Marija, čista Devica,
zemlje in nebes kraljica,
k tebi mormo v svetem let
vse zaupanje imet.

2

Ker želiš nam pomagati,
nam dobrote skazovati,
ko nalašč zdaj svet je čas,
prosi Jezusa za nas.

3

Ker te Sin prisrčno ljubi,
rad v ljubezni ti obljubi,
da na tvojo priprošnjó
zmeraj nam pomagal bo.

4

Prosi ga, ljuba Devica,
ti mogočna priprošnjica,
v svetem letu naj nas Bog
sprejme v krog svojih otrok.

5

Svojo milost naj skazuje,
da nam bo, kot ukazuje,
v svetem letu čista vest
in bo vsak mu v veri zvest.

6

Dušo bomo prenovili
in se v dobrem potrdili,
naj se Bog usmili nas,
dokler traja sveti čas.

7

Prosi, Mati božje gnade,
da pregrešne nam navade
v svetem letu odpusti
in nas v veri okrepi.

8

Sprosi vsem nam pravo bitnost
in krščansko stanovitnost,
da za večni sveti čas
sprejme k sebi tudi nas.

*3*

## Exhortation du Mr. Baraga en l'annee sainte 1826

»Le Serviteur de Dieu Friderik Baraga est ne le 29 Juin 1797 dans la paroisse de Dobrnic, en Slovenie. Apres une jeunesse exemplaire ii s'inscrivit aux Cours de Droit de l'Universite de Vienne, ou il eut comme guide spirituel saint Clement-Marie Hofbauer. Apres, il se decida a entrer au seminaire de Ljubljana et il y fut ordonne pretre le 21 septembre 1823. Pendant les quelques annees de son ministere sacerdotale dans son diocese il s'est montre un pretre ban et saint. ll s'est caracterise surtout par sa devotion au Tres-Saint Sacrement et a la Vierge Marie. ll fut un confesseur recherche du peuple et un predicateur qui attirait les foules. Tres aime du peuple, il a cependant .. muri sa decision heroique de se consacrer au travail apostolique parmi les Indiens du diocese de Cincinnati aux Etats-Unis... Mgr Fenwick, eveque de Cincinnati, l'a re9u avec joie parmi les pretres de son diocese . Son zele apostolique et sa saintete se manifesterent de fa9on encore plus claire dans les trente sept annees de travail missionnaire parmi les Indiens de la region des Grands-Lacs. Parmi ces pauvres gens il a mene une vie de priere, tout adonne aux taches apostoliques, avec un amour sans limites pour les ames, pret a taus les sacrifices, dans l'oubli total de soi, n'ayant en vue que le bien des pauvres et des opprimes. ll a repandu son enseignement, con9u dans un esprit de parfaite orthodoxie, par la parole et par ecrit, tant dans sa patrie d'origine comme parmi les Indiens«[1]. Consacré l'évêque du Haut Michigan en 1853, il termina le cours de sa vie terrestre à Marquette, le 19 janvier 1868.

Pendant son ministère sacerdotale à St. Martin, il publia un livret de 8 pages en langue slovène, imprimé probablement à Kranj (ville voisine de Ljubljana), intitulé "Opominvanje eniga duhovniga pastirja na svoje ovčice v sredi svetiga leta 1826. Zložu Fridrih Baraga, kaplan.«. (Exhortation d'un pasteur spirituel. à ses brebis au milieu de l'Année sainte 1826, composé par Friderik Baraga, vicaire). Tout recemment, une bonne édition de cette Exhortation a été préparée par Mr Franc Baraga, qui comprend une introduction, le fac-simile de la première édition et une réfection en langue slovène moderne faite par prof. Janko Moder, paru à Trebnje 1997. Le fac-simile des deux premières pages et la transcription moderne, presque complète, sont presentés aussi par le père Bertrand Kotnik OPM, Baragova pridiga v versih (Le sermon versifié de Baraga), dans la revue Ave Maria 62(1970)133-136.

A l'occasion de l'Année sainte qui débuta, pour les diocèses en dehors de Rome, exactement le 29 mars (Pâques) 1826, beaucoup de prêtres du diocèse de Ljubljana composèrent des opuscules variés avec des instructions adaptées. Entre autres se sont distingués le très rigoureux abbé Janez Traven, vicaire de la cathédrale de Ljubljana, avec une Exhortation à la pénitence en l'Année sainte 1826,

---

[1] Cfr. *La petition des évêques Slovènes au Pape Paul VI pour la béatification de Frédéric Baraga*, du 20 janvier 1973; dans la »Positio« de Marquettensis curia, *Beatificationis et canonizationis Servi Dei Friderici Baraga, primi episcopi Marquettensis (1797-1868), positio super virtutibus et fama sanctitatis*, vol. I, Roma 1998, p. 924-925.

le abbé Valentin Stanič, chanoine à Gorizia,  qui a composé Prières et méditations pour les visites des quatres églises désignées pour l'obtention des indulgences en l'Année sainte, Gorizia 1826, l'abbé Blaž  Potočnik, vicaire et maître chanteur de la cathèdrale de Ljubljana qui, par ordre de l'évêque mons. Anton Alojzij Wolf, prépara Méditations pour le temps de l'Année sainte par Jacques B. Bossuet, jadis évêque de Meaux en France, traduites en slovène avec les prières ajoutées pour la visite des quatre églises designées pour obtenir l'indulgence en l'Année sainte, Ljubljana, deux éditions en 1826; et l'abbé Luka Dolinar, vicaire à Janče, qui traduit en slovène la bulle papale de l'Année sainte et composa un Chant de l'Année sainte 1826, en 8 pages, sans spécification du lieu d'impression, oeuvre que Matija Čop, compagne d'études de Baraga, mentionne dans sa  Littérature des Slovènes (éd. Anton Slodnjak, Pisma Matija Čopa, II, Ljubljana 1986, p. I23), et qui  parle également de l'opuscule de Baraga. (ibid., éd. cit., p. 122) en affirmant: "Il s'agit de deux chants spirituels, où l'auteur ne se soucie ni de la justesse linguistique ni de la métrique"; à ce propos, il rapporte la norme de Saint Augustin, suivie par les pasteurs d'âmes de ce temps-là  et citée par Luka Dolinar (ibid., éd. cit., p. 123 ) : "Malo vituperari a grammaticis, quam non intellegí a populis".

Du fait qu'il existait déjà beaucoup de publications expliquant les conditions d'acquisition des indulgences en l'Année sainte, le père Baraga se limite à l'essentiel c.-à-d. à expliquer que le jubilé de l'anné sainte »doit remettre aux pécheurs leur péchés, les libérer de l'esclavage de leurs passions et les réconcilier avec Dieu et avec leur prochain«[2]; et il préfère .insister sur la conversion sincère et durable des pécheurs en les incitant à lutter contre les vices capitaux et à persévérer dans les bonnes intentions. A l'exhortation, il adjoint un chant-prière à la Vierge très sainte, que lui-même probablement chantait pendant l'Année sainte avec ses fidèles.

Voici la traduction française, préparée par Mme Verena Koršič Zorn, de cette exhortation, qui révèle bien la tendre dévotion de l'abbé Baraga vers la très sainte Vierge Marie.

---

[2] Voir Bernard Loth et Albert Michel, *Jubilé,* dans »Dictionnaire de Théologie catolique«, Tables générales, II, Paris 1967, col.2695. Pour la doctrine sur indulgences voir Jean-Paul II, *»Incarnationis mysterium«, bulle d'indiction du grand Jubilé de l'an 2000,* le 29 nov. 1998, Cité du Vatican 1998.

1. Mes très chers fidèles, rachetés par le sang de Jésus ! Dans ce temps propice à la pénitence, en cette Année sainte de pardon, le bon Dieu vous a comblé de tant de grâce pour vous aider par tous les moyens à vivre une vie chaste.

2. Le Pape de Rome, notre Père Saint, vicaire suprème du Christ nous recommande de tout coeur de faire tous les efforts pour ne pas rester desormais dans les péchés, de nous libérer des mauvaises habitudes afin que nous puissions profiter des grâces multiples de 1'Année sainte.

3. A présent, les précheurs de la Parole divine, en tant que moniteurs fidèles, vous exhortent à vous confier entièrement au bon Jésus miséricordieux; que personne n'aie peur de ne pas être accueilli au ciel par Lui.

4. La même chose est souhaitée par les confesseurs, médecins de nos âmes: que chacun de nous porte les fruits de la pénitence en cette Année sainte et que chacun se détourne de ce monde corrompu pour ne pas être condamné avec lui.

5. En ce temps sacré, notre Dieu bienveillant et miséricordieux nous exhorte tous, avec une voix puissants à la conversion sincère et à une vie morale: Il nous aime vraiment. Notre Père aux Cieux veut nous libérer des peines temporelles et éternelles.

6. Très chers fidèles, comment avons-nous profité de l'Année sainte ? Nous sommes-nous réellement servis des moyens à notre disposition? Etions-nous bien disposés à nous convertir de tout coeur? Avons-nous fait des efforts pour devenir plus persévérants dans la grâce divine ?

7. En vérité, mes très chères brebis, nous avons beaucoup fait mais seulement extérieurement: il y avait beaucoup de visites d'églises, beaucoup de prières ont été dites. Mais avec cela nous n'avons pas encore acquis tout ce que Dieu veut nous donner. Pour ne pas à nouveau tout perdre, il est nécessaire que le coeur se renouvelle dans le bien.

8. En fait, Dieu scrute le coeur et veut pour Lui le coeur entier. Il ne se contente pas de mots alors que le coeur, lui, est accroché à ce monde. Ainsi, pendant cette Année sainte et dorénavant pour toujours, disons adieu à ce monde cruel et servons Dieu seul.

9. Maintenant, mes chers fidèles, sondons notre coeur et considérons si nous sommes tous dévoués à Dieu et si nos désirs sont auprès de Lui. Ainsi, au milieu de l'Année sainte, je vous exhorte à ne pas perdre ce que Dieu nous promet.

10 . Réfléchissons s' il n' y a pas en nous quelque penchant au péché, s'il ne prédomine pas en nous quelque obstacle à la grâce divine. Voyons si notre coeur n'est pas souillé par

l'amour envers nous-mêmes: cette dangereuse maladie de l'esprit damne la plupart des âmes.

11. Voyons si notre conscience n'est pas souillée par l'injustice. Le Seigneur Dieu est la Justice éternelle et haït les injustices; celui qui agit injustement, se trouve sur le chemin dangereux: il ne peut pas se justifier devant Dieu s'il ne répare pas les injustices commises.

12. Examinons-nous aussi quant à notre colère et notre haine envers le prochain: demandons-nous si nous aimons tous nos prochains selon le commandement du Rédempteur. Le commandement suprême est l'amour envers Dieu et envers le prochain. Celui qui est fâché contre son prochain et mantient sa colère envers lui, celui-ci n'est pas de Dieu.

13. En outre, interrogeons-nous si nous savons freiner notre langue, si nous évitons toujours de diffamer notre prochain. L'apôtre Saint Jacques affirme que celui qui ne freine pas sa propre langue trompe soi-même et n'a pas de vrai piété.

14. Voyons si nous ne sommes pas hautains, s'il ne se cache pas en nous l'orgueíl, qui nous dépouille de toutes les vertus en ce temps saint. Quel intérêt as-tu, si tu pries, si tu jeûnes, si tu fais la charité aux pauvres mais tu n'as pas d'humilité, sans laquelle aucun travail n'est agréé par Dieu ?

15. Demandez-vous aussi, chrétiens, si vous avez conservé la pureté du coeur, si vous n'êtes pas encore esclaves du péché, qui vous à fait perdre la couronne. Seuls les purs de coeur sont proclamés bienheureux en éternité par Jésus, seuls les purs de coeur receveront la couronne dans l'au-delà.

16. Ainsi, mes chers, examinez votre conscience, votre coeur, et ce que vous y trouvez, révélez-le à vos confesseurs, comme il se doit. Accusez-vous exactement de vos vices cachés, parce que les dissimuler est un des péchés les plus graves.

17. Mes très chères brebis, travaillez tant que le jour dure! Retenez ces vérités, restez fidéles à Dieu, servez Lui seul: Il sera un jour votre Juge! Aimez-Le au-delà de toute chose: Il vous récompensera dans l'éternité.

18. L'Année sainte durant encore, vous pouvez toujours réaliser ce que vous avez omis de faire. Avec la grâce de Dieu, faites au moins maintenant ce que vous auriez dû faire il y a longtemps déjà. Fortifiez-vous dans le bien, restez bons aussi dans le futur, persévérez jusqu'à la fin: Dieu sera votre récompense à jamais!

*Supplication à la Mère de Dieu en l'Année sainte*

1. Marie, Vierge très pure, Reine du ciel et de la terre, c'est à toi. aussi que nous devons nous adresser en l'Année sainte.

2. Toi, tu es toujours prête à nous aider et à nous offrir tes bienfaits: intercède pour nous auprès de Dieu, surtout en ce temps saint.

3. Jésus t'aime tendrement et t'a promis que pour l'amour qu'Il te porte, Il nous aidera quand tu le Lui demanderas.

4. Prie-Le maintenant, Vierge bienheureuse, Auxiliaire puissante, prie-Le maintenant en cette Année sainte qu'Il veuille bien nous combler de sa grâce.

5. Qu'Il nous donne la grâce et la force d'accomplir fidèlement tout ce qu'on exige pour acquérir l'indulgence plénière en l'Année sainte.

6. Aide-nous à renouveler nos coeurs, à nous fortifier dans le bien, et que Dieu puisse extirper tout le mal de nos coeurs en cette Année sainte.

7. Intercède, o Mère, afin que nous obtenions la grâce, d'arracher maintenant tous les vices de nos coeurs, pour ainsi mériter un jour la couronne de la gloire.

8. Obtiens pour nous l'amour, l'humilité et la persévérance, pour que nous puissions célébrer au ciel l'Année sainte éternelle.

## *4*

# Esortazione di don Baraga per I'Anno santo

1- Il Servo di Dio Friderik Baraga nacque in una fattoria, chiamata Mala vas , nel comune e parrocchia di Dobrnic, in Slovenia, il 29 giugno 1797. Nel 1817 si iscrisse nella Facolta di Diritto a Vienna, e dopo essersi diplomato in Legge si iscrisse nello Studium teologico di Ljubljana e fu ordinato sacerdote il 21 settembre 1823. Dopo un lodevole ministero sacerdotale svolto in due grandi parrocchie della diocesi di Ljubljana, si decise di andare nelle missioni della diocesi di Cincinnati negli Stati Uniti d'America. Svolse la sua prodigiosa attivita missionaria tra gli Indiani Ottawa e Ojibwa nel Michigan Superiore, di cui fu nominato vescovo nel 1853. Passo nell'altra vita a Marquette il 19 gennaio 1868. Della sua beatificazione si parlava gia in occasione dei suoi funerali, e la curia Marquettense presento negli anni 1998 e 1999 la propria istanza hen documentata perche la S. Sede permetta di onorarlo sugli altari [1]

Sulla sua prodigiosa attivita svolta nel suo primo posto di ministero sacerdotale, il professore Fernando Bea cosi si esprime:

»L'aspetto affabile e la signorilita dei modi nonche la illuminata avvedutezza che usava con tutti,

---

[1] Cfr. Marquettensis curia, *Beatificationis et canonizationis Servi Dei Friderici Baraga, primi episcopi Marquettensis (1797-1868), positio super virtutibus et Jama sanctitatis,* vol. I-II, Romae 1998; *Relatio et vota,* Roma 1999. I tre volumi sono stati compilati dal postulatore p.Bruno Korosak OFM.

attirò larga schiera di penitenti al confessionale di gospod Federico. Nel buio del confessionale, freddo d'inverno e soffocante d'estate, rimaneva talvolta perfino cinque o sei ore di seguito, fino a sera inoltrata e, a qualsiasi ora, del giorno, veniva chiamato per confessare.

Malgado la fatica e la stanchezza per tanto lavoro era sempre pronto, cordiale e non faceva mai attendere nessuno per timore di lasciare fuggire quei momenti favorevoli ad un sincero pentimento che, con ogni probabilità, potevano non più tornare. Quanti gli si presentavano erano i benvenuti, i poveri come i ricchi, senza alcuna distinzione se non per i bisognosi, gli infermi, per tutti coloro che, ricevuto il battesimo, vivevano dimentichi della legge santa di Dio.

Dotato di finissima intuizione, sapeva scorgere e comprendere i più gelosi segreti dell'anima umana e, con maniera delicata ed affettuosa, ispirava tale fiducia al penitente che spontaneamente confessava ogni colpa...

Fu in questo periodo di permanenza a Šmartno che l'amore per le anime lo spinse a studiare di nuovo la lingua slovena. Aveva in animo di scrivere un libro di pietà... Lo studio delle lingue straniere, l'abitudine acquisita nella capitale di parlare il tedesco, avevano un poco indebolito le sue conoscenze dello sloveno«[2].

La celebrazione del giubileo del 1825 gli fornì l'occasione per misurare le proprie conoscenze dello sloveno. Preparò infatti un opuscoletto, in sloveno, di 8

---

[2] Cfr. Fernando Bea, *Una sola cosa è necessaria,* Casale 1965, p. 46-47.

pagine, stampato probabilmente nella vicina città di Kranj, con il titolo: "Opominvanje eniga duhovniga pastirja na svoje ovčice v sredi svetiga leta 1826. Zložu Fridrih Baraga, kaplan" (Esortazione di un pastore spirituale alle proprie pecorelle a metà dell'Anno santo 1826, composta da Friderik Baraga, cappellano). Libretto si conserva nella biblioteca nazionale ed universitaria di Ljubljana, tra i libri rari, n. 10104.

Opuscoletto fu sconosciuto ai primi biografi del Servo di Dio, e solo tardivamente, nel 1968, fu reso accessibile ad una ristretta cerchia degli studiosi da don Filip Žakelj nel terzo volumetto della collana »Baragova knjižnica«, sotto il titolo *Za Bogom vredna največje časti. Baraga in Marija*, pubblicato a Buenos Aires 1968, p. 60-65.

Il facsimile delle prime due pagine e trascrizione moderna pressoché completa presentò quasi allo stesso tempo agli cultori nordamericani di Baraga P. Bertrand Kotnik OFM, *Baragova pridiga v verzih*, in "Ave Maria" 62 (1970) 133-136.

In occasione del secondo centennale dalla morte del Servo di Dio, il benemerito custode della raccolta Baraga nell'abbazia di Stična sig. Franc Baraga ha curato il *Facsimile knjižice iz leta 1826 in prepesnitev Janka Modra*, Trebnje 1997.

Il promotore della beatificazione di questo illustre missionario tra la tribù indiana di Ojibwa nel Nord-America, P. Bruno Korošak OFM, presentò tra i documenti allegati all'istanza inoltrata nel 1998 dalla curia di Marquette alla S. Sede per la canonizzazione del loro primo vescovo Mons.

Friderik Baraga anche la versione italiana di questa predica, che qui è riprodotta[3].

2-In occasione dell'Anno santo, che per le diocesi fuori Roma ebbe inizio con la Pasqua del 1826, cioè il 29 marzo, molti sacerdoti della diocesi di Ljubljana, menzionati da Matija Čop, nella sua *Literatura Slovencev* (ed. Anton Slodnjak, Pisma Matija Čopa, II, Ljubljana 1986, p. 119-124) composero vari opuscoli con le istruzioni adatte per la degna celebrazione del giubileo, tra i quali anche don Valentin Stanič, canonico di Gorizia, e p. francescano Ferdinand Bonča, grande amico di Baraga. Costui allora si limitò ad una semplice esortazione dei fedeli, insistendo sui punti essenziali di ogni giubileo, cioè sulla sincera e duratura conversione dei peccatori, sull'abbandono dei vizi capitali e sulla perseveranza nei buoni propositi. All'esortazione aggiunse poi un canto di preghiera alla Vergine santissima, che egli probabilmente cantava insieme con i suoi fedeli durante l'Anno santo. Così l'esortazione di Baraga conserva il suo valore anche per questo grande giubileo del 2000.

Ma la cornice delle »indulgenze« straordinarie si presenta oggi un po' restaurata, per cui conviene ad accennarvi brevemente, per permettere a tutti di trarre il massimo frutto dalla suddetta composizione, e non incappare nelle »diffidenze, pregiudizi, risentimenti, malevolenze senza fine«[4].

Sfogliando il nuovo *Catechismo della Chiesa cattolica,* pubblicato in Vaticano nel 1992, all'attento lettore

---

[3] Cfr. la citata *Positio,* p. 80-83.

[4] Cfr. Mons. Angelo Comastri, Presidente del Comitato nazionale per il Giubileo del 2000, *Prefazione* al sussidio *Il dono dell'indulgenza,* Milano 1999, p.3.

non potrà sfuggire che nell'articolo sulle indulgenze, al n. 1472, si trova un'affermazione di massima importanza, che cioè le pene del peccato »non devono essere concepite come una specie di vendetta, che Dio infligge dall'esterno, bensì come derivanti dalla natura stessa del peccato«. Con ciò viene corretto il vecchio insegnamento, secondo cui al peccatore deve essere imposta una congrua soddisfazione »non solo a custodia della nuova vita e a medicina dell'infermità, ma anche a vendetta e castigo dei peccati passati«[5]. Infatti, i moderni teologi notano che l'idea di un Dio vendicatore per i peccati appartiene al patrimonio di una delle correnti giudaiche, secondo cui Dio punisce man mano direttamente i peccatori con le disgrazie, con la povertà, con le malattie, mentre Gesù non ha mai approvato tali teorie. Così per es. Egli affermò che il fatto stesso che il Vangelo »è annunziato ai poveri« (Mt 11, 5) è segno che il dominio del Signore sulla terra è già iniziato; che alcuni operai, »sui quali crollò la torre di Siloe uccidendoli«, non subirono questa disgrazia »perché fossero più colpevoli di tutti gli abitanti di Gerusalemme« (Lc 13, 4-5); e che la malattia, come quella della cecità, non è la punizione di un peccato commesso da qualcuno personalmente o dai suoi genitori (Gv 9, 1-3).

Altro punto da tener sempre presente è il cambiamento del nome del sacramento di »Penitenza« o di

---

[5] Cfr. card. Pietro Gasparri, *Catechismo cattolico,* risp. alla domanda 452, Brescia 1932, p. 208; risp. 571 (p.241): »I principali effetti del peccato veniale sono i seguenti: esso diminuisce il fervore della carità, dispone l'anima al peccato mortale, e rende l'uomo meritevole della pena temporale da scontarsi in questa vita o nell'altra«; risp. 463 (p. 211): »Mediante le indulgenze rimette la Chiesa la pena temporale dovuta per i peccati«.

»Confessione« in quello di »Riconciliazione«. Infatti, nel nuovo *Catechismo* (al n. 1440) è detto che

> »il peccato è anzitutto offesa a Dio, rottura della comunione con lui.
>
> Nello stesso tempo esso attenta alla comunione con la Chiesa.
>
> Per questo motivo la conversione arreca ad un tempo il *perdono di Dio e la riconciliazione con la Chiesa*«.

La Chiesa poi può essere considerata come chiesa domestica (vedi *Catechismo* n. 1656-1657), come comunità parrocchiale, e come chiesa diocesana o nazionale. Il peccatore può attentare alla comunione di ognuna di queste dimensioni della chiesa arrecandole un danno spirituale con un comportamento scandaloso, come insegna anche il nuovo *Catechismo* n. 2284-2285:

> » Lo scandalo è l'atteggiamento o il comportamento che induce altri a compiere il male. Chi scandalizza, si fa tentatore del suo prossimo. Attenta alla virtù e alla rettitudine; può trascinare il proprio fratello nella morte spirituale... Lo scandalo assume una gravità particolare a motivo dell'autorità di coloro che lo causano o della debolezza di coloro che lo subiscono... Lo scandalo è grave quando a provocarlo sono coloro che, per natura o per funzione, sono tenuti ad insegnare e ad educare gli altri«.

*a)* Nella chiesa domestica »si esercita in maniera privilegiata il sacerdozio battesimale del padre di famiglia e della madre« (ivi, n. 1657). Se invece il padre di fronte ai propri figli, specialmente i più piccoli, bestemmia, arreca loro un grave danno, perché tali parole rimangono profondamente innestate nei loro cuori, tanto da indurli poi a loro volta a ripeterle. Ma ogni danno deve essere riparato.

Perciò il confessore deve, o dovrebbe imporre a tali peccatori una penitenza speciale per poterli riconciliare con la Chiesa, con l'obbligo di cercare di rimediare al danno commesso. E ciò vale per ogni cattivo esempio dato dai genitori ai propri familiari.

*b)* Molteplice poi può essere il danno arrecato dai peccatori alla propria comunità parrocchiale. Già S. Paolo ammonisce la comunità dei Corinzi di resistere all'influsso del comportamento scandaloso di un loro membro peccatore e di arginare con ogni mezzo il suo danneggiamento (1 Cor 5, 1-13), pregare Dio che limiti o neutralizzi questo nefasto influsso, pregare per la conversione di tali peccatori e di circondarli, dopo la loro conversione, con la carità fraterna (2 Cor 2, 3-11).

All'origine di questi comportamenti scandalosi stanno spesso i vizi o inclinazioni perverse, che s'impossessano dell'uomo come spiriti maligni (cfr. per es. Mc 16,9), tanto da fargli commettere ogni sorta di azioni scandalose, come per es. idolatrie dei vari »padri dei popoli«, del denaro (cfr. Lc 16, 9.13), delle droghe (cfr. Fil 3, 19), perversioni sessuali, violenze, calunnie per invidia, indifferenza e disprezzo di religiosità. Tali perversità »ottenebrano la coscienza e alterano la concreta valutazione del bene e del male« tanto nell'uomo vizioso quanto negli altri da lui corrotti con questo comportamento scandaloso (cfr. *Catechismo,* n. 1865-1866).

Nella conversione dei viziosi, Dio certamente rimette subito la colpa. Ma nei pentiti continuano ugualmente a rimanere, e talvolta per lungo tempo, le conseguenze derivanti dalla natura stessa dei vizi: la debolezza della volontà, le tendenze e le inclinazioni disordinate, gli squilibri interiori, come ben lo sanno gli alcolizzati o drogati, che senza una adeguata terapia del gruppo difficilmente riescono a liberarsi dalla schiavitù contratta. Rimangono altresì le responsabilità dei vizi contratti dagli altri a causa dello scandalo dato. In una ristretta comunità parrocchiale la notorietà di una conversione può rimediare ai danni spirituali subiti dai terzi; ma spesso solo la grazia di Gesù, impetrata con le preghiere ed opere penitenziali indulgenziate riesce a neutralizzare i nefasti effetti del cattivo esempio, dato dai viziosi ai loro prossimi.

*c)* Il nostro secolo con i nuovi mezzi di comunicazione sociale ha dato la possibilità ai perversi di poter esercitare il loro influsso nefasto sui fedeli di tutta una diocesi, anzi di molte diocesi, su regioni o nazioni intere. Secondo il *Codice di diritto canonico* possiamo annoverare tra tali azioni malvagie tutte quelle alle quali è annessa una pena canonica. Di tali atti delittuosi può farsi reo chi abbandona pubblicamente la religione cattolica e professa il messia-nismo ateista (can. 1364); o chi »in uno scritto pubblicamente divulgato o ... servendosi degli strumenti di comunicazione sociale, proferisce bestemmia od offende gravemente i buoni costumi o pronuncia ingiurie o eccita all'odio o al disprezzo contro la religione o la Chiesa« (can. 1369); o »chi pubblicamente suscita rivalità e odi da parte dei sudditi contro la Sede Apostolica o l'Ordinario per un atto di potestà o di ministero ecclesiastico, oppure eccita i sudditi alla disobbedienza nei loro confronti« (can. 1373); o chi impedisce »l'uso legittimo dei beni sacri o di altri beni ecclesiastici« (can. 1375); poi »chi rapisce oppure detiene con la violenza o la frode una persona, o la mutila o la ferisce gravemente« (can. 1397). A questi delinquenti, il *Catechismo* vuole aggiungere »coloro che promuovono leggi o strutture sociali che portano alla degradazione dei costumi e alla

corruzione della vita religiosa, o a condizioni sociali che...
rendono difficile e praticamente impossibile un comporta-
mento cristiano conforme ai comandamenti« (n. 2286); e
coraggiosamente denunciare »la piaga degli stati totalitari
che sistematicamente falsano la verità, esercitano con i mass-
media un'egemonia politica sull'opinione pubblica, mani-
polano gli accusati e i testimoni di processi pubblici« (n.
2499). Per tutti questi delinquenti esiste la possibilità di
trovare la riconciliazione con Dio e anche con la Chiesa,
recandosi, specialmente durante il giubileo dell'Anno Santo,
da confessori autorizzati  a Roma, in Terra Santa, o nei
celebri santuari[6], che sapranno consigliare loro come riparare
il danno spirituale causato impegnandosi a compiere le opere
di misericordia e di carità, e rimetteranno loro »le pene
temporali« canoniche, di modo che potranno di nuovo
partecipare alla vita sacramentale comunitaria, esercitare
l'ufficio del padrino ai battesimi e alle cresime, fare da
testimoni ai matrimoni ecclesiastici ecc.

Spesso però non potranno riparare tutti i danni causati
alle più larghe comunità con questi mezzi penitenziali, ma
dovranno ricorrere al cosiddetto »tesoro della Chiesa«, che
però secondo l'insegnamento di Papa Paolo VI, »non si deve
considerare come la somma di beni materiali, accumulati nel
corso dei secoli, ma come l'infinito ed inesauribile valore
che le espiazioni e i meriti di Cristo hanno presso il Padre...è
lo stesso Cristo redentore, in cui sono e vivono le

---

[6] Cfr. *Disposizioni per l'acquisto dell'indulgenza giubilare,* aggiunte
alla bolla di indizione del grande Giubileo dell'Anno 2000 di Giovanni
Paolo II, *Incarnationis mysterium,* del 29 nov. 1998; e già cit. sussidio *Il
dono dell'indulgenza,* p. 36-37.

soddisfazioni ed i meriti della sua redenzione«[7]. Quindi è chiaro che solamente Cristo con le grazie del suo Santo Spirito possa diminuire o neutralizzare gli effetti nefasti della corruzione diffusa tra le masse[8].

Così possiamo finalmente rispondere alla difficoltà come possano essere le pene temporali rimesse anche dopo la morte nel Purgatorio. Bisogna mettere in evidenza che il *Catechismo*, al n. 1472 parla del purgatorio non più come di un luogo, ma di uno <u>stato.</u> Finora, infatti, i teologi sono stati spesso troppo tentati di proiettare anche su questo stato le categorie terrene di luogo e di tempo, come nota il noto perito del Concilio Vaticano II, il domenicano Yves Congar:

»Alle volte si parla di giorni, di anni di purgatorio come se si trattasse di una camera di sicurezza o di una prigione: questo denuncia una rappresentazione che si serve di categorie di pure sanzioni punitive. Se non le avessimo lette con i nostri occhi non oseremmo credere a <u>stupidaggini</u> come queste:

*'Supponiamo che voi commettiate tutti i giorni una media di 10 colpe: in capo ai 365 giorni dell'anno avrete una somma di 3650 colpe. Per facilitare il calcolo riduciamo a 3000 colpe l'anno.*

---

[7] Cfr. Paolo VI, *Indulgentiarum doctrina,* del 1. gen. 1967, citato dal *Catechismo,* n. 1476.

[8] Così possiamo dare la giusta interpretazione alla condanna di Pio VI, nella cost *Auctorem fidei,* del 28 ag. 1794, della tesi dei padri sinodali di Pistoia (cit. da card. Gasparri, *Catechismo cattolico,* p. 441), »che l'Indulgenza, secondo la precisa definizione, sia nient'altro che remissione d'una parte della penitenza, qual'era stabilita dai canoni per il peccatore«, proprio perché l'Indulgenza, oltre alla semplice remissione della penitenza canonica, giova »anche a rimettere la pena temporale, dovuta per i peccati attuali alla giustizia divina« per i meriti di Cristo.

*In capo a dieci anni saranno 30.000 colpe; in capo a venti 60.000. Supponiamo che di queste 60.000 colpe ne abbiate espiate la metà con la penitenza e le opere buone; ve ne restano da pagare 30.000. Continuiamo la nostra ipotesi: voi morite dopo vent'anni di questa vita virtuosa e comparite dinanzi a Dio con un debito di 30.000 colpe che dovete pagare nel purgatorio. Quanto tempo ci vorrà per compiere questa espiazione? Supponiamo che in media ogni colpa esiga un'ora di purgatorio. Questa misura è molto moderata, se dobbiamo giudicare in base alle rivelazioni dei santi; ma mettiamo pure un'ora per colpa, ed arriveremo ad un purgatorio di 30.000 ore. Ora, 30.000 ore sapete a quanti anni corrispondono? A 3 anni, 3 mesi e 15 giorni'«*[9].

La teologia moderna[10] cerca di mettere sempre più in evidenza il primato di Cristo e il suo ruolo di giudice (cfr.Gv 5, 22) anche in questa fase intermedia della nostra esistenza, di cui Egli ha »le chiavi« (Ap 1, 18). Ogni uomo, dopo la morte corporale, deve »comparire davanti al tribunale di Cristo, ciascuno per ricevere la ricompensa delle opere compiute finché era nel corpo« (2 Cor 5, 10), Allora Egli »metterà <u>in luce</u> i segreti... e manifesterà le intenzioni dei cuori« (1 Cor 4, 5), srotolando l'elenco di tutte le azioni buone e cattive ( Ap 20,. 12). Con un paragone un po' adattato ai nostri tempi, si potrebbe dire che Cristo nel

---

[9] Cfr. Yves M.-J. Congar OP, *La mia parrocchia vasto mondo*, Roma 1965, p. 100, che cita F.X- Schouppe, *Le dogme du Purgatoire illustré par des faits et des révélations particulières*, Parigi 1888, p. 93.

[10] Cfr. Bruno Korošak, *La vita eterna. Compendio di escatologia* (Subsidia Urbaniana, 5), Roma 1983, p. 57-61; Franz-Joseph Nocke, *Escatologia*, Brescia 1984, p. 131-135.

paradiso illuminerà in un attimo tutta la nostra vita come un esploratore delle datoteche nel computer, ed illuminerà le singole azioni, impresse nella nostra personalità (Ap 14, 13). Allora la persona, vedendo illuminata qualche sua azione non buona o malvagia, sentirà grandissima vergogna che la purificherà; dopo di che Cristo la cancellerà per sempre, perché la perfetta felicità nel cielo non è compatibile con i rimorsi.

## Esortazione di don Baraga per l'Anno santo

1. Miei carissimi fedeli, redenti dal sangue di Gesù! Il buon Dio vi ha elargito tante belle grazie in questo tempo propizio di penitenza, in quest'anno santo di perdono, per aiutarvi con ogni mezzo a vivere una vita castigata.

2. Il Papa Romano, nostro santo Padre, supremo vicario di Cristo, ci raccomanda di cuore di sforzarci a non rimanere d'ora in poi nei peccati, di liberarci dalle abitudini peccaminose, per poter fruire delle molteplici grazie dell'Anno santo.

3. Adesso i proclamatori della Parola divina, ora i predicatori santi vi esortano ad affidarvi interamente al misericordioso buon Gesù: nessuno abbia più timore di non essere ricevuto da Lui nel cielo.

4. Lo stesso desiderano anche i confessori, medici delle nostre anime, che ognuno di noi porti in quest'Anno santo i frutti degni di penitenza, che volti le spalle al mondo corrotto per non essere con esso condannato.

5. Durante questo tempo santo il nostro benevolo, misericordioso Dio ci richiama tutti con voce potente alla conversione sincera, ad una vita morigerata: Egli ci vuole veramente bene. Il

nostro Padre nei cieli ci vuole liberare dalle pene temporali ed eterne.

6.  Carissimi fedeli, come abbiamo approfittato del tempo dell'anno santo? Ci siamo realmente serviti dei mezzi donatici? Abbiamo fatto dei buoni propositi di convertirci di tutto cuore? Ci siamo sforzati di diventare più perseveranti nella grazia divina?

7. Carissime pecorelle mie, a dir il vero, abbiamo fatto assai, ma solo *esteriormente:* vi furono molte visite delle chiese, furono recitate molte preghiere. Ma con questo non abbiamo ancora acquistato tutto ciò he Dio ci vuol dare. Per non perdere di nuovo tutto, è necessario che *il cuore* si rinnovi nel bene.

8. Infatti Dio scruta i cuori e vuole per Sé tutto il cuore. Non si accontenta di  sole parole lasciando che il cuore continui ad amare questo mondo. Perciò durante quest'anno santo e d'ora in poi per sempre, diamo addio a questo mondo malvagio e serviamo Dio solo!

9. Rivolgiamo ora, miei cari fedeli, uno sguardo dentro il nostro cuore e vediamo se siamo tutti dediti a Dio, se i nostri desideri sono presso di Lui. Ora, a metà dell'anno santo, vi esorto affinché ciò che Dio ci promette non vada perso per noi.

10.  Riflettiamo se non si trovi in noi qualche inclinazione al peccato, se non predomini in noi qualche ostacolo alla grazia divina.

Vediamo se il nostro cuore non sia inquinato dall'*amore di noi stessi:* questa pericolosa malattia spirituale fa perdere la maggior parte delle anime.

11. Vediamo se la nostra coscienza non sia infetta dall'*ingiustizia.* Il Signore Dio è Giustizia eterna e odia molto gli ingiusti; chi opera ingiustamente, si trova sulla via pericolosa; non può giustificarsi davanti a Dio prima di riparare le ingiustizie commesse.

12. Esaminiamoci anche sulla *collera* e sull'*odio* verso il prossimo, se amiamo tutti secondo il comandamento del Redentore. Il massimo comandamento è l'amore di Dio e del prossimo. Chi è in collera con il suo prossimo e mantiene il suo odio verso di lui, non è di Dio.

13. Inoltre chiediamoci se sappiamo tenere a freno la nostra *lingua,* se evitiamo sempre di sparlare del nostro prossimo di fronte agli altri. L'Apostolo S. Giacomo afferma [1,26] che chi non tiene a freno la propria lingua, inganna se stesso e non ha la vera pietà.

14. Vediamo se non è rimasta in noi *la superbia,* se non vi si nasconde *l'orgoglio,* che ci deruba di tutte le virtù in questo tempo santo. Che ti giova, se preghi, se digiuni, se fai la carità ai poveri, ma non hai *l'umiltà,* senza la quale non è gradita a Dio alcuna opera?

15. Pensate anche, cristiani, se avete conservato *la purezza del cuore,* se non siete ancora schiavi del peccato, che vi fa perdere la

corona. Soltanto i puri di cuore Gesù proclama beati in eterno, soltanto i puri di cuore riceveranno nell'aldilà la corona.

16. Così, miei cari, esaminate la vostra coscienza, il proprio cuore e ciò che vi trovate, rivelatelo ai vostri confessori come si deve. Accusatevi con esattezza dei vostri vizi nascosti, perché sottacerli è uno dei più gravi peccati.

17. O carissime mie pecorelle, operate finché dura il giorno! Prendetevi a cuore queste verità, rimanete fedeli a Dio, servite a Lui solamente: Egli sarà un giorno il vostro Giudice! Amatelo sopra ogni cosa: Egli vi ricompenserà nell'eternità.

18. Se vi trovate in ritardo, potete ricuperare il tempo perduto, perché l'anno santo dura ancora. Con la grazia di Dio fate almeno ora ciò che avreste dovuto fare già da tempo. Rafforzatevi nel bene, rimanete buoni anche in futuro, perseverate sino alla fine: Dio sarà la vostra ricompensa per sempre!

## *Supplica alla Madre di Dio durante l'anno santo.*

1. O Maria, Vergine purissima, Regina del cielo e della terra, a te dobbiamo ricorrere anche durante l'anno santo.

2. Tu sei sempre pronta ad aiutarci e ad elargirci i tuoi benefici: intercedi per noi presso

Dio specialmente in questo tempo santo.

3. Gesù ti ama teneramente e Ti ha promesso che per amore Tuo Ti aiuterà sempre quando lo chiederai.

4. Pregalo ora, o Vergine beata, Ausiliatrice potente, chiedigli ora in quest'anno santo, di voler infonderci la sua grazia.

5. Che Egli ci dia la grazia e la forza di adempiere fedelmente ciò che è richiesto per acquistare l'indulgenza plenaria dell'anno santo.

6. Aiutaci a rinnovare i cuori, a rafforzarci nel bene, e che possa Dio sradicare dai nostri cuori in quest'anno santo ogni male.

7. Intercedi, o Madre, affinché otteniamo la grazia di estirpare ora dai nostri cuori tutti i vizi, per meritarci così un giorno la corona della gloria.

8. Ottienici l'amore, l'umiltà e la perseveranza, così da poter celebrare l'eterno anno santo nel cielo.

**Molitev za poveličanje
Božjega služabnika Friderika Baraga**

Molimo. Vsemogočni Bog, Oče luči, ki od tebe prihaja vsak dober dar, in ki si nam v svojem služabniku škofu Frideriku Baragu poslal tako velikega učitelja in pastirja, usliši našo pobožno prošnjo in poveličaj ga, da bo pred vesoljno Cerkvijo prištet k blaženim, po Kristusu našem Gospodu. Amen.

Morebitna uslišanja sporočite na Baragov odbor: Ciril Metodov trg 4, SI-1000 Ljubljana, p.p. 12/III.

S cerkvenim dovoljenjem v začetku Svetega leta 2000.

### Prayer for the Cause of Sainthood
### of the Servant of God Friderik Baraga

Let us pray. 0 God, who are wonderful in the Saints, we beseech you, grant the favor we beg through the intercession of your Servant Friderik, so that he may be exalted in the Church and we may be led to imitate his virtues, through Christ, our Lord. Amen.

Please acknowledge favors received through Bishop Baraga intercession to:

Bishop Baraga Association
615 S. Fourth Street
Marquette, MI 49855

www.ingramcontent.com/pod-product-compliance
Lightning Source LLC
Chambersburg PA
CBHW052222150726
48002CB00003B/1231